Impressum
Verlag: BABADADA GmbH, Nedderfeld 112 , 22529 Hamburg
Geschäftsführer / Verlagsleitung: Harald Hof
Druck: Books on Demand GmbH, In de Tarpen 42, 22848 Norderstedt

Imprint
Publisher: BABADADA GmbH, Nedderfeld 112 , 22529 Hamburg, Germany
Managing Director / Publishing direction: Harald Hof
Print: Books on Demand GmbH, In de Tarpen 42, 22848 Norderstedt

اسڪول

shule

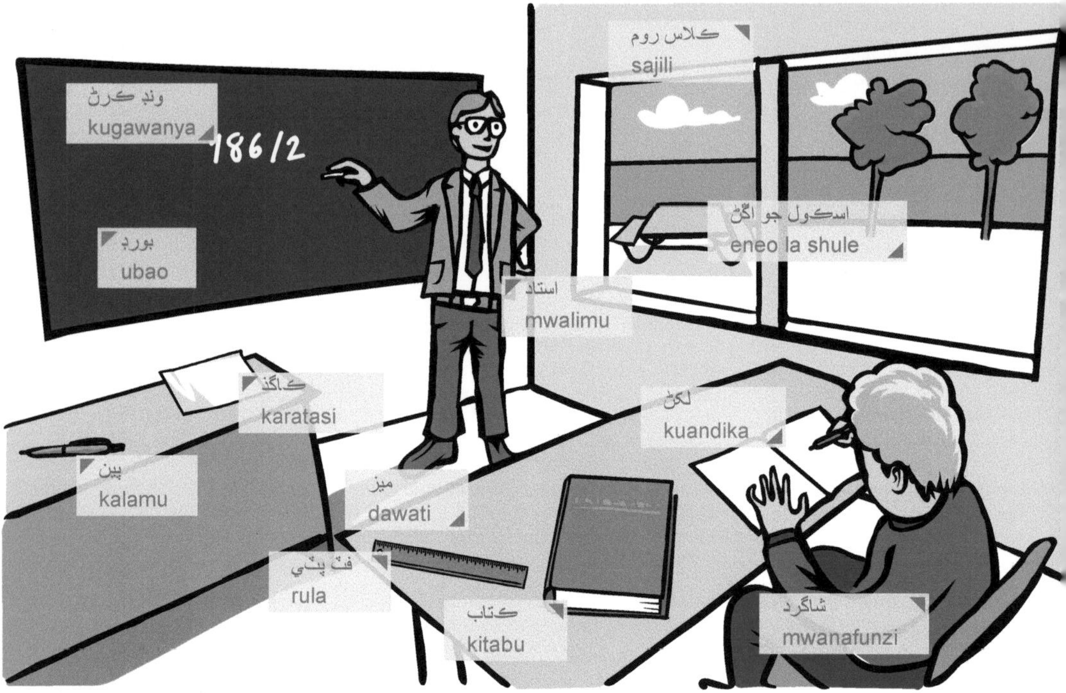
ڪلاس روم
sajili
ونڊ ڪرڻ
kugawanya
186/2
بورڊ
ubao
اسڪول جو اڱڻ
eneo la shule
استاد
mwalimu
ڪاغذ
karatasi
لکڻ
kuandika
پين
kalamu
ميز
dawati
فٽ پٽي
rula
ڪتاب
kitabu
شاگرد
mwanafunzi

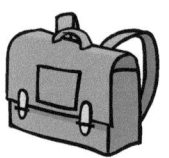

بستو

mkoba

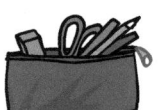

پينسل باڪس

kikasha cha penseli

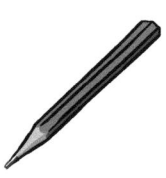

پينسل

penseli

پينسل شارپنر

kichonga penseli

ربڙ

mpira

ڊرائنگ پيڊ

pedi ya kuchora

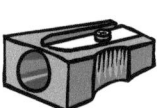

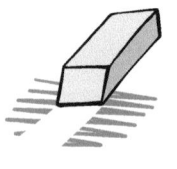

ڈرائنگ

uchoraji

پینٹ برش

brashi ya rangi

پینٹ باکس

sanduku la rangi

قینچي

mkasi

گوند

gundi

مشق کرنا واري کاپي

daftari

ہوم ورک

kazi ya nyumbani

12

عدد

nambari

2+2

جوڑ کرنا

jumlisha

5-2

کٹ کرنا

ondoa

2×2

ضرب کرنا

zidisha

حساب کرنا

kokotoa

A

خط

barua

ABCDEFG HIJKLMN OPQRSTU VWXYZ

الفابیٹ

alfabeti

لفظ

neno

مضمون

maandishi

پڑھڻ

kusoma

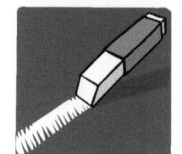

چاک

chaki

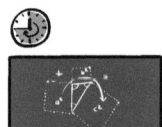

سبق

somo

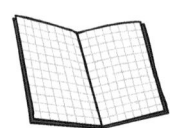

رجسٽر

sajili

امتحان

uchunguzi

سرٽيفيڪيٽ

cheti

اسڪول يونيفارم

sare za shule

تعليم

elimu

انسائڪلوپيڊيا

elezo

يونيورسٽي

chuo kikuu

خوردبيني

darubini

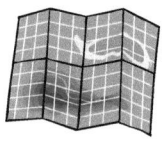

نقشو

ramani

ردي جي ٽوڪري

kikapu cha kuweka karatasi
chafu

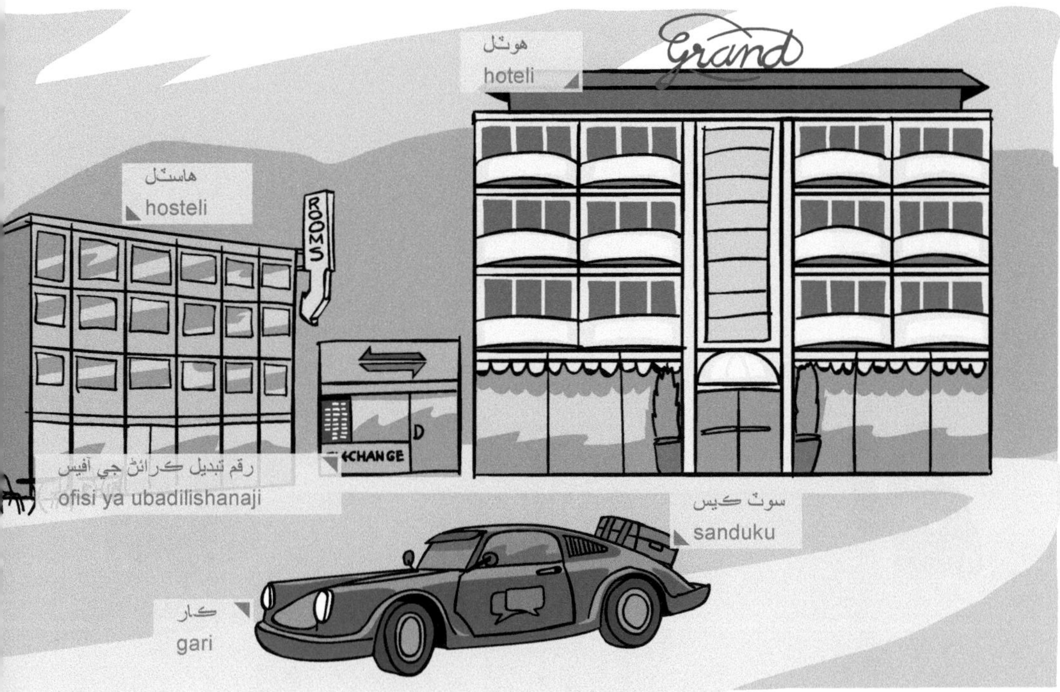

هوٽل
hoteli
Grand
هاسٽل
hosteli
ROOMS
CHANGE
رقم تبديل ڪرائڻ جي آفيس
ofisi ya ubadilishanaji
سوٽ ڪيس
sanduku
ڪار
gari

ٻولي

lugha

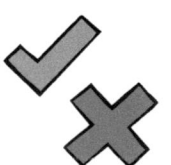

ها يا نه

ndiyo / la

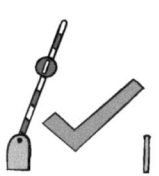

صحيح آهي

sawa

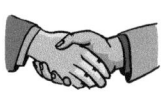

هيلو

hujambo

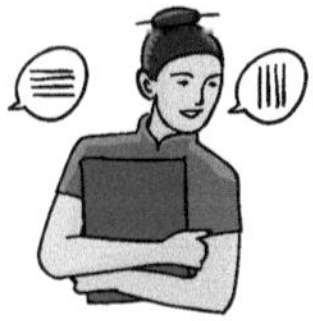

مترجم

mtafsiri

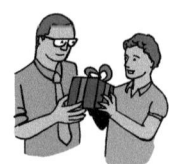

مهرباني

Asante

هن جي قيمت گهٽي آهي.....؟

kiasi gani ni ...?

مون کي سمجه ۾ نٿو اچي

Sielewi

مسئلو

tatizo

گڊ ايوننگ

Jioni njema!

صبح بخير

Habari za asubuhi!

شب خير

Usiku mwema!

الوداع

kwa heri

طرف

mwelekeo

سفري سامان

mizigo

بيگ

mfuko

پويان بدّن وارو بيگ

shanta

مهمان

mgeni

كمرو

chumba

بستر وارو بيگ

begi la kulalia

خيمو

hema

سياحت بابت معلومات

taarifa ya utalii

سمندر کنارو

ufuo

کریڈٹ کارڈ

kadi

ناشتو

kifunguakinywa

لنچ

chakula cha mchana

ڈنر

chakula cha jioni

ٹکٹ

tiketi

لفٹ

kuinua

مہر

muhuri

سرحد

mpaka

گاہک

mila

سفارتخانو

ubalozi

ویزا

visa

پاسپورٹ

pasipoti

هوائي جهاز
ndege

سمنبري جهاز
meli

باه واسائل واري گاڏي
injini ya moto

بس
basi

ٹرک
lori

موٹر بوٹ
motaboti

سائيکل
baiskeli

كار
gari

فيري

feri

بیڑی

mashua

موٹر سائيکل

pikipiki

پوليس كار

gari la polisi

ريسنگ كار

gari la mashindano

رينٹل كار

gari la kukodisha

چشئيرنگ كار

kushiriki gari

چِكۇ وارو ٹرک

lori la kuvuta

كچري واري ٹرک

ukusanyaji taka

كار

motor

فيول

mafuta

پيٹرول اسٹيشن

kituo cha mafuta

ٹريفك جا نشان

ishara trafiki

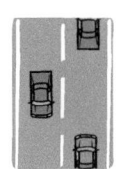

ٹريفك

trafiki

ٹريفك جام

msongamano

كار پارك

maegesho

ٹرين اسٹيشن

kituo cha treni

پٹڑيون

reli

ٹرين

garimoshi

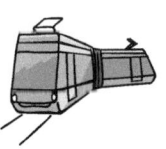

ٹرام

tremu

ويگن

gari la mizigo

هيليكاپٽر

helikopta

ايئرپورٽ

uwanja wa ndege

ٽاور

mnara

مسافر

abiria

ڪنٽينر

chombo

ڊبو

katoni

ريڙھي

mkokoteni

ٽوڪري

kikapu

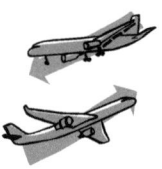

اڏرڻ / زمين تي لھٽ

ondoka

شهر

jiji

ڳوٺ

kijiji

شهر جو مرڪز

katikati ya jiji

گھر

nyumba

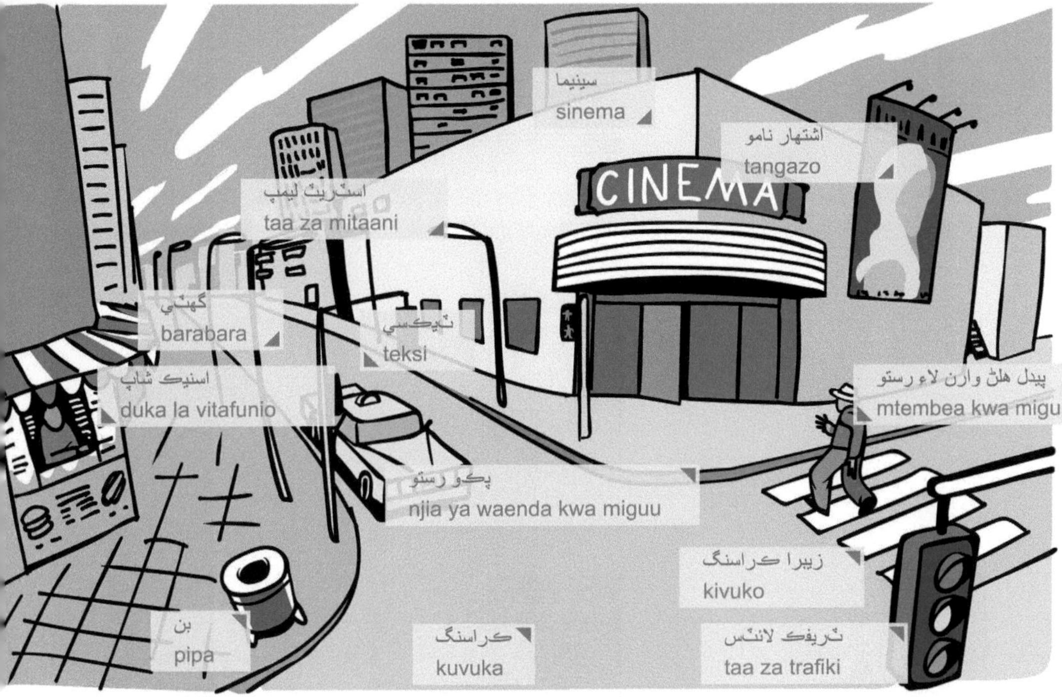
سينيما
sinema
اشتهار نامو
tangazo
CINEMA
اسٽريٽ ليمپ
taa za mitaani
گهنٽي
barabara
ٽيڪسي
teksi
اسنيڪ شاپ
duka la vitafunio
پيدل هلڻ وارن لاءِ رستو
mtembea kwa miguu
پڪو رستو
njia ya waenda kwa miguu
زيبرا ڪراسنگ
kivuko
بن
pipa
ڪراسنگ
kuvuka
ٽريفڪ لائٽس
taa za trafiki

جهوپڙي

kibanda

فليٽ

gorofa

ٽرين اسٽيشن

kituo cha treni

ٽائون هال

ukumbi wa mji

MUSEUM

عجائب گهر

Makavazi

اسڪول

shule

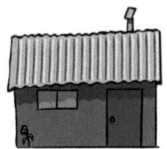

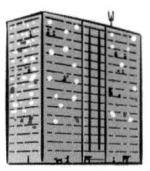

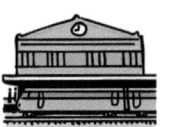

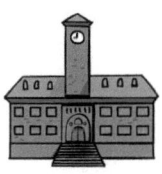

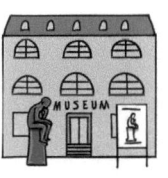

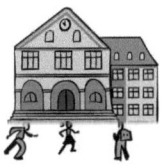

يونيورسٽي

chuo kikuu

بينڪ

benki

اسپتال

hospitali

هوٽل

hoteli

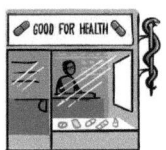

فارميسي

duka la dawa

آفس

ofisi

ڪتابن جي ڪتاب

duka la kitabu

دڪان

duka

گلن جي دڪان

duka la maua

سپر مارڪيٽ

dukakuu

مارڪيٽ

soko

دپارٽمينٽ اسٽور

idara ya kuhifadhi

مڇي جي دڪان

mwuza samaki

شاپنگ سينٽر

kituo cha ununuzi

بندرگاه

bandari

پارک

Hifadhi

بینچ

benki

پل

daraja

ڈاکٹ

vidato

زیر زمین میٹرو

chini ya ardhi

سرنگ

handaki

بس اسٹاپ

kituo cha mabasi

شراب خانو

bar

روسٹورینٹ

mgahawa

پوسٹ باکس

sanduku la posta

اسٹریٹ سائن

ishara ya barabara

پارکنگ میٹر

mita ya maegesho

چڑیا گھر

bustani ya wanyama

سوئمنگ پول

kidimbwi cha kuogelea

مسجد

msikiti

فارم
shamba

آلودگی
uchafuzi

قبرستان
makaburini

چرچ
kanisa

راند جو ميدان
uwanja wa michezo

مندر
hekalu

زميني منظر

mazingira

پتو
jani

سائن بورڊ
ishara ya mwelekeo

رستو
njia

ساوڪ واري زمين
malisho

پٿر
jiwe

وڻ
mti

پيادل هلڻ وارو هائيڪر
mtembeaji wa masafa

دريا
mto

چير
nyasi

گل
ua

وادي

bonde

جبل

kilima

ڍنڍ

ziwa

گل

msitu

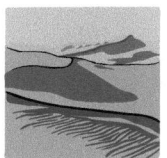

ريگستان

jangwa

آتش فشان

volkano

قلعو

ngome

اندلث

upinde wa mvua

کئيي

uyoga

کهجي جو وٽ

mtende

مچر

mbu

مک

kuruka

کيولي

chungu

ماكي جي مک

nyuki

مکڙي

buibui

نٿندڇ

mende

ڊيئر

chura

نوريئڙو

kuchakuro

چاهو

nungunungu

خرگوش

sungura

چِرو

bundi

پڪي

ndege

بدڪ

swan

سوئر

nguruwe mwitu

هرڻ

kulungu

آمريڪي هرڻ جو قسم

aina ya kongoni

ڊيم

bwawa

هوا سان هلڻ وارو ٽربائين

tabo ya upepo

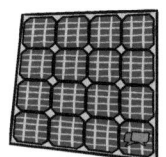

سولر پينل

nishaji ya jua

آب و هوا

hali ya hewa

روسٽورينٽ

mgahawa

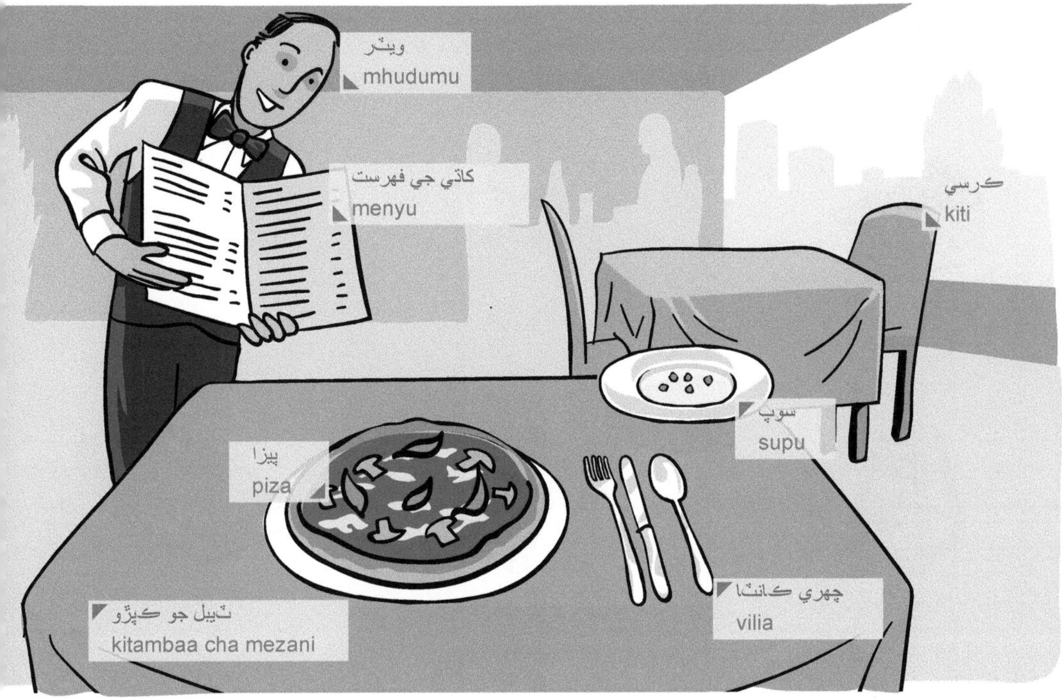

ويٽر
mhudumu
ڪاڏي جي فهرست
menyu
ڪرسي
kiti
سوپ
supu
پيزا
piza
ٽيبل جو ڪپڙو
kitambaa cha mezani
چهري ڪانٽا
vilia

اسٽارٽر

kiamsha hamu

مين ڪورس

kozi kuu

ڪاڌي ڪانپوءِ ڪائڻ وارو مٺو

kitindamlo

مشروب

vinywaji

خوراڪ

chakula

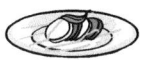

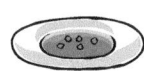

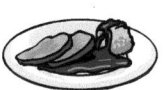

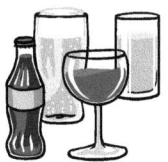

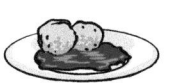

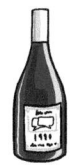

بوتل

chupa

فاسٹ فود

chakula cha haraka

اسٹریٹ فود

Streetfood

کٹلی

buli

شگر باؤل

kisanduku cha sukari

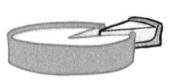

ٹکڑو

sehemu

ایسپریسو مشین

mashine ya espresso

اونچی کرسی

kiti kirefu

بل

muswada

ٹری

trei

چھری

kisu

کانٹو

uma

چمچ

kijiko

چانھن جو چمچو

kijiko cha chai

سروینٹی

nepi

گلاس

glasi

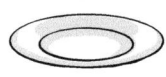

پلیٹ
sahani

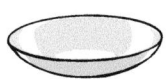

سوپ پلیٹ
sahani ya supu

ساسر
sufuria

چٹنی
mchuzi

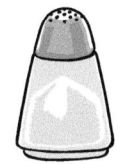

لوڻ داني
kichanyaji chumvi

مرچ پیس وارو
kinu cha pilipili

سرکو
siki

کاڏو پچائڻ وارو تیل
mafuta

مصالحو
viungo

کیچ اپ
kechapu

سرنهن
haradali

مایونیز
kachumbari nzito

سپر مارڪيٽ

dukakuu

خصوصي آفر
ofa maalum
FOR
خريدار
mteja
ڊيري
maziwa
فروٽ
matunda
ٽرالي
toroli

BUTCHERS

گوشت جي دڪان

mchinjaji

BAKERY

بيڪري

mwokaji

وزن ڪرڻ

uzito

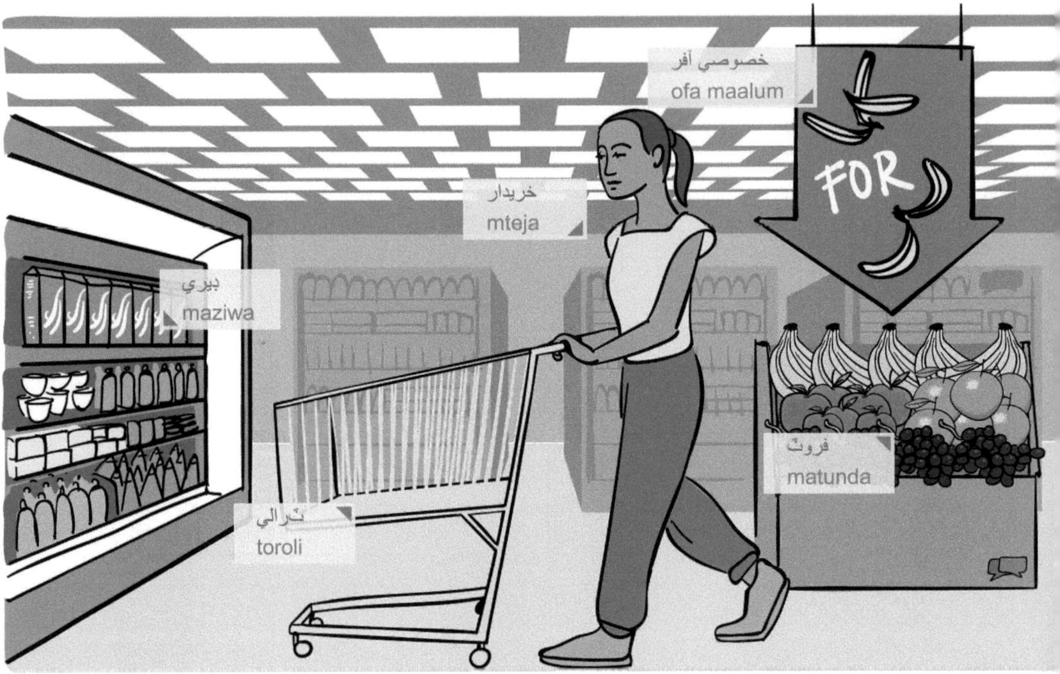

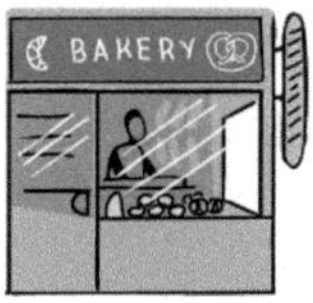

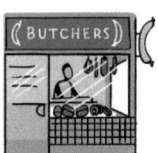

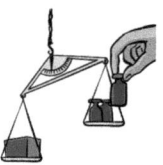

سبزيون

mboga

گوشت

nyama

ڄميل کاڌو

chakula waliohifadhiwa

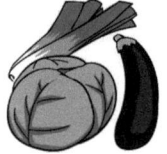

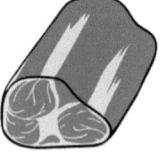

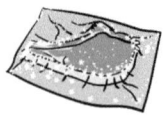

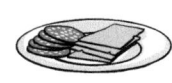

سرد گوشت

vipande vya nyama baridi

ڊٻي ۾ بند ڪاڌو

chakula cha kopo

واشنگ پاؤڊر

sabuni ya unga

مٺائي

pipi

گھريلو سامان

bidhaa za kaya

صفائي ڪرڻ وارا پرابڪٽس

bidhaa za kusafisha

سيلز پرسن

mtu mauzo

ڪيش رجسٽر

mpaka

خزانچي

keshia

خريداري جي فهرست

orodha ya manunuzi

اوقات ڪار

masaa ya ufunguzi

پرس

mkoba

ڪريڊٽ ڪارڊ

kadi

بيگ

mfuko

پلاسٽڪ بيگ

mfuko wa plastiki

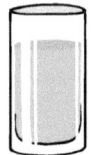

پاڻي

maji

جوس

sharubati

کیر

maziwa

کوک

coke

وائن

mvinyo

بیئر

bia

الکوهل

pombe

کوکو

kakao

چائي

chai

کافي

kahawa

ایسپریسو

spreso

کپیپوچینو

kapuchino

کيلو

ndizi

صوف

tufaha

مالٹو

machungwa

خربوذو

tikiti

ليمون

lemon

گجر

karoti

ٹُوم

kitunguu saumu

بانس

mianzi

بصر

kitunguu

کنيي

uyoga

اخروٹ، بادام

karanga

نوبلز

nudo

اسپيگتّي

spageti

چانور

mpunga

سلاد

saladi

چپس

vibanzi

تريل پتّاتّا

viazi vya kukaanga

پيزا

piza

هيم برگر

hambaga

سيندوچ

sandwichi

گوشت جو تّكرو

kipande

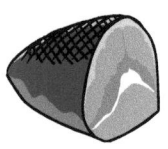

سور جي ران جو گوشت

paja la mnyama

خشڪ گوشت

salami

ساسيج

soseji

مرغي

kuku

روسٽ

choma

مڇي

samaki

جوَ جو دليا

oats ya uji

ميوزلي

muesli

كارن فليكس

cornflakes

انٛو

unga

كرونسنتٛ

kroisanti

بريڊ رول

andazi

بريڊ

mkate

تٛوسٛتٛ

mkate wa kubanika

بسكتٛ

biskuti

مكٛٹا

siagi

دهي

maziwa mgando

كيڪ

keki

انڊا

yai

فرائي ٹيل اندو

yai kukaanga

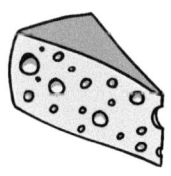

پنير

jibini

آنس كريم

aiskrimu

كند

sukari

ماكي

asali

مربو

jemu

چاكليت اسپريد

kuenea kwa chokoleti

باجي

mchuzi wa viungo

فارم هائوس
nyumba ya kilimo

گدام
ghalani

پلال جوگنڍ
majani bale

زمین
uwanja

گهوڙو
farasi

ٽريلر
trela

گهوڙي جو ٻچو
mtoto

ٽريڪٽر
trekta

گڏه
punda

رڍ جو ٻچو
mwanakondoo

رڍ
kondoo

ٻڪري
mbuzi

ڳئون
ng'ombe

ڳئون
ng'ombe

پاڏو
ndama

سؤر
nguruwe

سؤر جو ٻچو
mwananguruwe

ڍڳو
fahali

هنس

batabukini

بدک

bata

چوزا

kifaranga

مرغي

kuku

مرغو

jogoo

كوئو

panya

بلي

paka

كوئو

panya

ڈانڈ

ng'ombe

كتو

mbwa

كتي جو گهر

nyumba ya mbwa

گاربن هوز

bomba la bustani

پاڻي جو كين

debe la kumwagilia maji

ڈانڻو

fyekeo

هر

kulima

ٹاٽو
mundu

رنبو
jembe

ٹانداري
uma wa nyasi

کھاڙو
shoka

هتّ سان هلاٽ واري ريڙهي
toroli

حوض
kupitia nyimbo

کير جو ڊبو
chombo cha maziwa

ڳوٿ
gunia

لوڙهو
ua

اصطبل
imara

گرين هائوس
chafu

مٽّي
udongo

ٻج
mbegu

کهاد
mbolea

کمبائنڊ هارويسٽر
kivunaji

فصل ڪٿڻ

mavuno

فصل ڪٿڻ

mavuno

هڪ قسم جي ترڪاري

viazi vikuu

ڪڻڪ

ngano

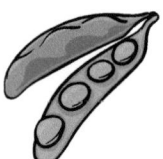

سويا

soya

پٽاٽو

viazi

مڪائي

mahindi

توري جو ٻج

rapa

ميون جو وڻ

mti wa matunda

ڪساوا

muhogo

اناج

nafaka

گهر

nyumba

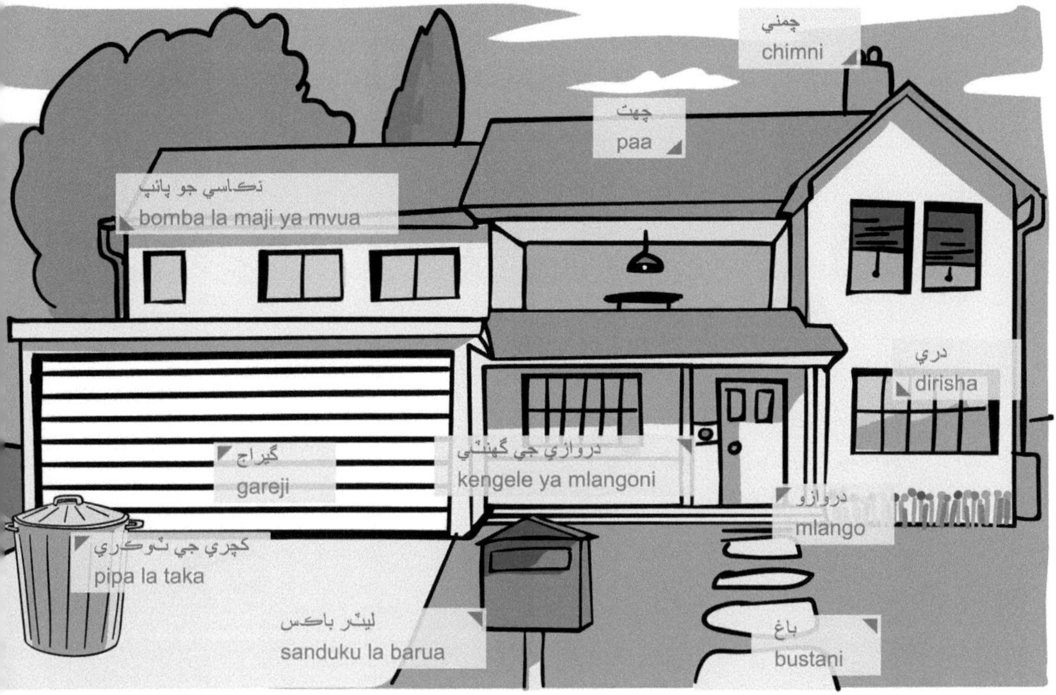

چمني
chimni
ڇت
paa
نڪاسي جو پائپ
bomba la maji ya mvua
دري
dirisha
گيراج
gareji
دروازي جي گهنٽي
kengele ya mlangoni
دروازو
mlango
ڪچري جي ٽوڪري
pipa la taka
ليٽر باڪس
sanduku la barua
باغ
bustani

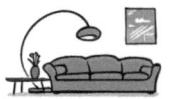

لوونگ روم

sebuleni

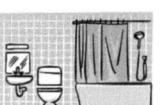

غسل خانو

bafu

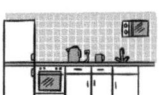

باورچي خانو

jikoni

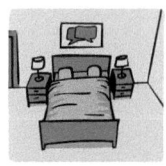

بيڊروم

chumba cha kulala

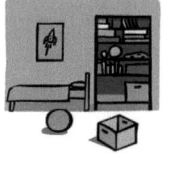

ٻارن جو ڪمرو

chumba ya mtoto

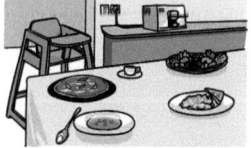

ڊائننگ روم

chumba cha kulia

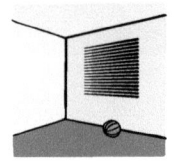

فرش

sakafu

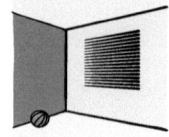

ديوار

ukuta

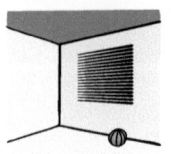

چهت

dari

تهخانو

pishi

باٹھ وارو غسل

sauna

بالكوني

roshani

ٹيرس

mtaro

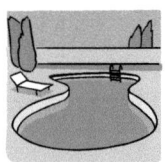

تلاؤ

kidimbwi

گاه كٹݨ واري مشين

mashine ya kukata nyasi

چادر

karatasi

چادر

kitambaa cha kupamba
kitanda

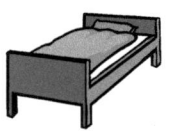

بيڊ

kitanda

جهاڙو

ufagio

بالٹي

ndoo

سونچ

kubadili

لوونگ روم

sebuleni

وال پیپر
mandhari
تصویر
picha
لیمپ
taa
شیلف
rafu
الماري
kabati
ټیلیویزن
televisheni/runinga
باهوواري چمني
mekoni
ګل
ua
کشن
mto
صوفو
sofa
ګلدان
chombo cha maua
ریموټ کنټرول
kitenzambali

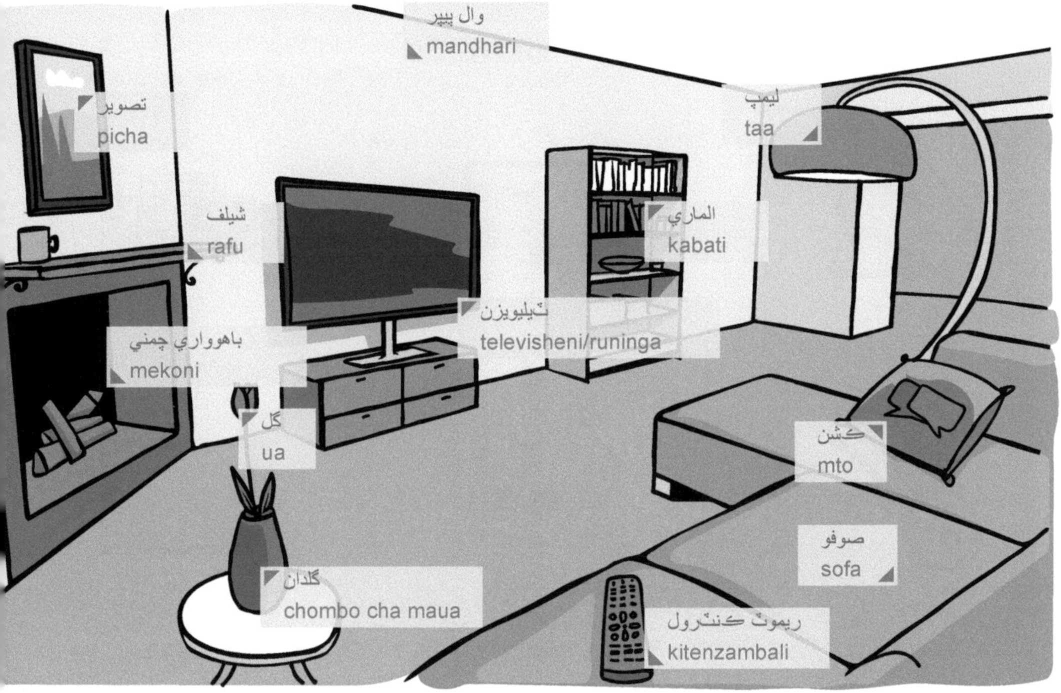

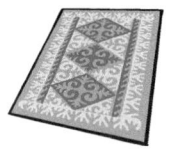

قالين

zulia

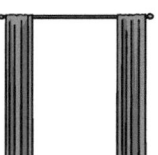

پردو

pazia

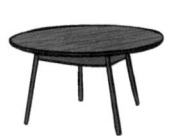

ميز

meza

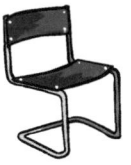

کرسي

kiti

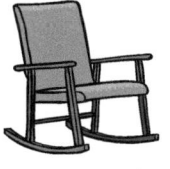

لڼ واري کرسي

kiti cha bembea

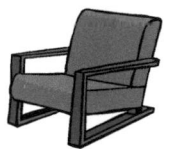

آرام کرسي

armchair

کتاب

kitabu

کمبل

blanketi

آرائش

mapambo

ٻارڻ واريون ڪاٺيون

kuni

فلم

filamu

هاني فاني

kifaa cha hi-fi

چاٻي

ufunguo

اخبار

gazeti

پينٽنگ

uchoraji

پوسٽر

bango

ريڊيو

redio

نوٽ بڪ

daftari

ويڪيوم ڪلينر

kifyonza

ٿوهر جو ٻوٽو

dungusi kakati

ميڻ بتي

mshumaa

باورچي خانو
jikoni

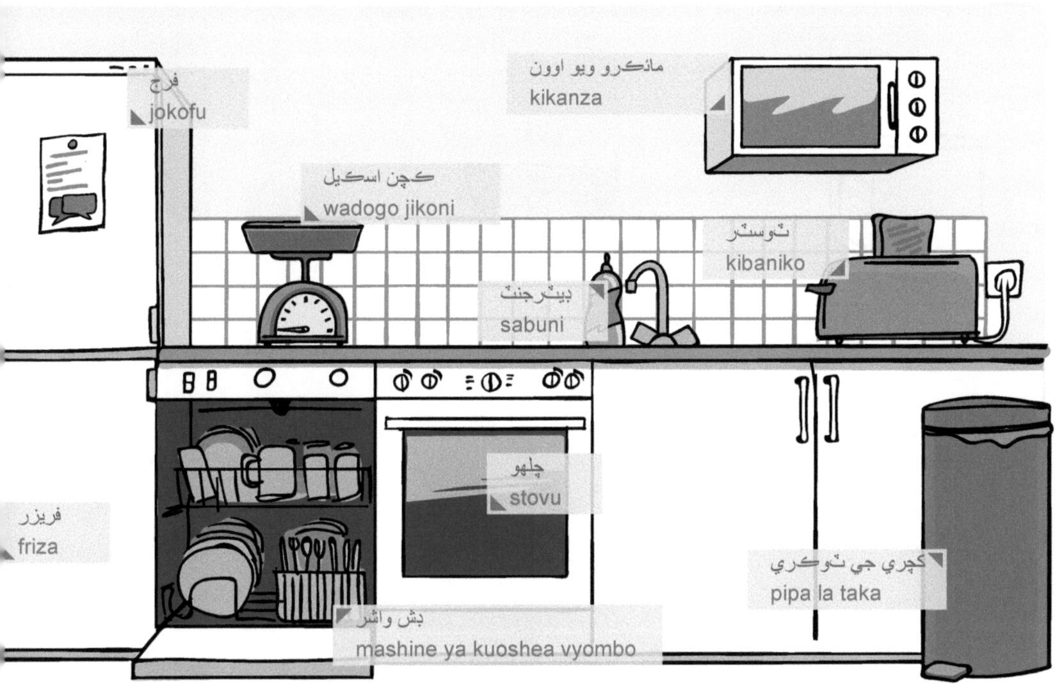
فرج
jokofu
مائڪرو ويو اوون
kikanza
ڪچن اسڪيل
wadogo jikoni
ٽوسٽر
kibaniko
ڊيٽرجنٽ
sabuni
چلهو
stovu
فريزر
friza
ڪچري جي ٽوڪري
pipa la taka
ڊش واشر
mashine ya kuoshea vyombo

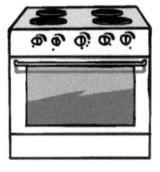

ڪُڪر

jiko la kupika

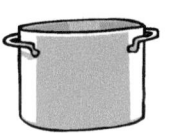

ٿانوَ

chungu

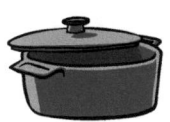

ڪاسٽ آئرن جا ٿانو

sufuria ya chuma

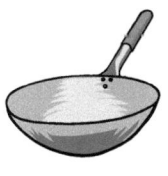

ڪڙهائي

wok / kadai

ترڙ وارو ٿانو

kaango

ڪيٽلي

birika

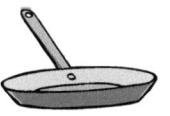

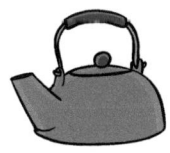

اسټيمر

stima

بيکنگ ټري

sinia ya kuoka

کراکري

vyombo vya udongo

مگ

kombe

پيالو

bakuli

چاپ اسټکس

vijiti vya kulia

ډونۍ

ukawa

تنفث

mwiko mpana

سبزي مکسر

burashi

چهاټی

kichujio

چهاټی

chujio

کدو کش وارو اوزار

mbuzi

اکرې

chokaa

بار بی کيو

barbeque

کليل باه

moto wazi

سبزي كٹ وارو بورڊ

ubao wa majaribio

ويلڻ

kijiti cha kusukuma unga

كارك اسكريو

kizibuo

كين

kopo

كين اوپنر

inaweza kopo

ٿانوَ پكڙڻ وارو كپڙو

kishikio cha chungu

سنڪ

karo

برش

brashi

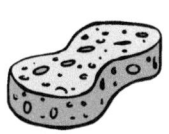

اسفنج

sifongo

بليندر

kisagaji matunda

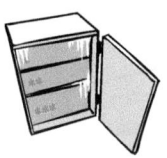

ڊيپ فريزر

friji ya kina

بار جي بوتل

chupa ya mtoto

نل

bomba

شاور
mfereji wa kuogea

هيټنګ
joto

ټوال
taulo

شاور کرټين
pazia la kuogea

بېل باټ
maji ya kuoga yenye povu

باټ ټب
hodhi

ګلاس
glasi

واشنګ مشين
mashine ya kuosha

نل
bomba

ټاينلز
vigae

پاټي
poti

سنک
karo

ټاېلټ
choo

اوکړو ويهٹ وارو ټواېلټ
choo cha squat

شرم ګاه ډوئٹ وارو ټب
beseni la mviringo

پېشاب ګاه
choo cha umma

ټاېلټ پېپر
shashi

ټاېلټ برش
brashi ya choo

ٹوتھ برش

mswaki

ٹوتھ پیسٹ

dawa ya meno

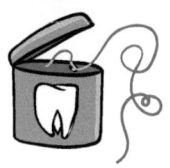

ڈینٹل فلاس

dawa ya meno

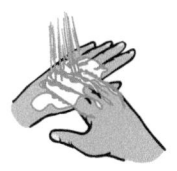

دُھونا

safisha

ھینڈ شاور

kuoga mkono

شاور

msukumo wa maji

بیک برش

bonde

بیک برش

mpako wa pili

صابن

sabuni

شاور جیل

jeli ya kuogea

شیمپو

shampuu

فلالین

flana

برین

toa maji

کریم

krimu

ڈیوڈورنٹ

kiondoa harufu

آئينو

kioo

هٹَ م پکڑٹ وارو آئينو

kioo mkono

ريزر

kinyozi

شيونگ فوم

povu la kunyoa

آفٹَر شيو

baada ya kunyoa

ڪَنڱي

kichana

برش

brashi

هيئر ڊرائير

kikausha nywele

هينر اسپري

marashi ya nyewele

ميڪ اپ

vipodozi

سرخي

kidomwa

نيل وارنش

varnish ya msumari

ڪپه

pamba

نيل سيزر

mkasi wa kucha

پرفيوم

manukato

واش بيگ

mkoba wa kuosha

اسٹول

kinyesi

وزن کرڻ واري مشين

mizani

باٿ روب

nguo ya kuoga

ربڙ جا دستانا

glavu za mpira

ٹيمپون

kisodo

صفائي وارو ٹاول

sodo

کيميائي ٹوائلٽ

kemikali choo

ٻارن جو ڪمرو

chumba ya mtoto

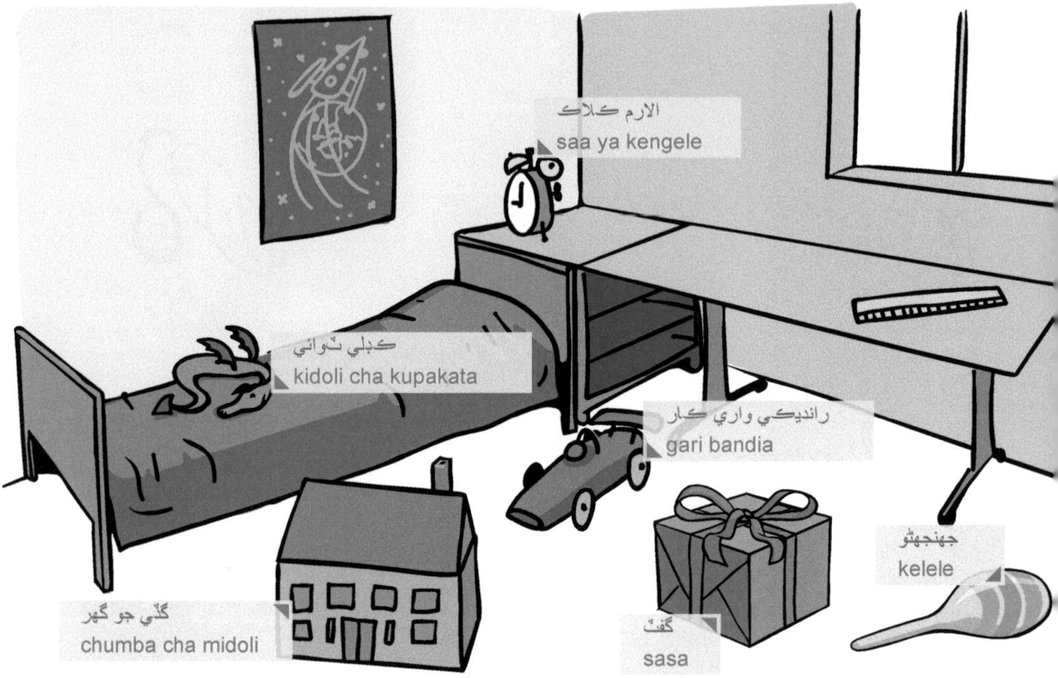

الارم ڪلاڪ
saa ya kengele
ڪبلي ٽوائي
kidoli cha kupakata
رانديڪي واري ڪار
gari bandia
جهنجهٽو
kelele
گڏي جو گهر
chumba cha midoli
گفٽ
sasa

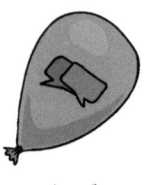

ڦوڪڻو

baluni

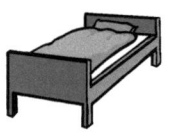

بيڊ

kitanda

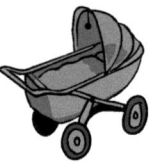

ٻار جي ڳاڏي

mashua

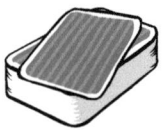

ديڪ آف ڪارڊز

staha ya kadi

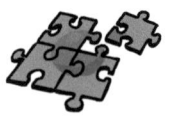

جگسا

mchezo-fumb

ڪامڪ

vichekesho

ليگوبرگس

matofali lego

رانديكن وارا بلاكس

vitalu mwigo

ايكشن فگر

hatua takwimu

بيبي گرو

suti ya kulalia

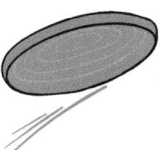

فرسبي

kisahani

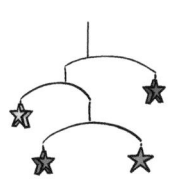

رانديكي واري موبائل

simu

بورڊ گيم

ubao wa michezo

چهكو

kete

مادل ٽين سيٽ

garimoshi mwigo

بارن جي چوسڻ واري نپل

dummy

پارٽي

chama

تصوير واري كتاب

picha kitabu

بال

mpira

گڏي

kikaragosi

كيڏڻ

kucheza

سيندپٽ
....
shimo la mchanga

جهولا
....
bembea

رانديکا
....
vitu bandia

وڊيو گيم ڪنسول
....
kiweko cha video ya
mchezo

ٽن ڦيٽن واري سائيڪل
....
baiskeli ya magurudumu

ٽيڊي بيئر
....
mwanasesere

matatu

ڪپڙن جي الماري
....
kabati

جرابا
....
soksi

اسٽاڪنگز
....
stokingi

ٽائٽس
....
kibano

اسڪارف
skafu

چَتْري
mwavuli

تِّي شرتْ
fulana

بيلٹ
ukanda

بوتْ
viatu

چپل
ndara

جاگر شوز
wakufunzi

سينڈل
malapa

جوتا
viatu

ربّر جا بوتْ
mabuti ya mpira

البريبيلتْس
suruali ya ndani

بريزر
sidiria

واسكٹ
fulana

جسم

mwili

پتلون

suruali

جينز پينٹ

dangirizi

اسکرٹ

sketi

چولو

blauzi

قميض

shati

جرسي

vuta

ہوڈي

sweta

بليزر

bleza

جيکٹ

jaketi

کوٹ

koti

بارش ﻣ ﭘﺎﻧﮯ وارو کوٹ

koti la mvua

پوشاک

maleba

لباس

gauni

شادي جولباس

mavazi ya harusi

سوٽ
....
suti

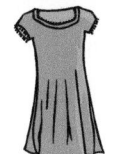

نائٽ گاؤن
....
vazi la usiku

پاجامو
....
pajama

ساڙي
....
sari

مٿي تي بڌل وارو اسڪارف
....
skafu

پڳڙي
....
kilemba

برقعو
....
burka

ڪفتان
....
kaftan

عبايو
....
abaya

تيراڪي جو لباس
....
vazi la kuogelea

چڊي
....
vazi la kiume la kuogelea

نيڪر
....
kaptura

ٽريڪ سوٽ
....
teitei

اپرن
....
aproni

دستانا
....
glavu

بٮٿ

kifungo

چشمو

glasi

بريسليٿ

bangili

هار

mkufu

مندي

pete

واليون

herini

ٮٛوٮٜي

kofia

کوٿ هينگر

kiango cha koti

ٮٛوٮٜي

kofia

ٮٜائي

tai

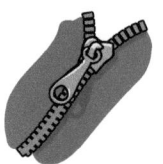

زٮ

zipu

هيلمٿ

kofia

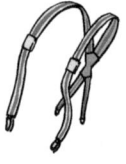

بريسز

kanda za suruali

اسکول يونيفارم

sare za shule

وردي

sare

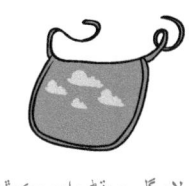

ٻارن لاءِ ڳلي ۾ ٻڌڻ وارو ڪپڙو

bibu

ٻارن جي چوسڻ واري نپل

dummy

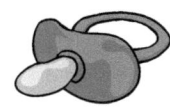

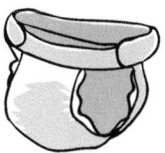

ڪڇو

nepi

آفس

ofisi

سرور
seva
فائلن جي الماري
kabati la kuweka faili
ڪاغذ
karatasi
پرنٽر
kichapishaji
مانيٽر
kiwambo
ماؤس
kipanya
ميز
dawati
فولڊر
folda
ڪي بورڊ
kibodi
ردي جي ٽ
cha kuweka karatasi chafu
ڪمپيوٽر
kompyuta
ڪافي مگ
kiti

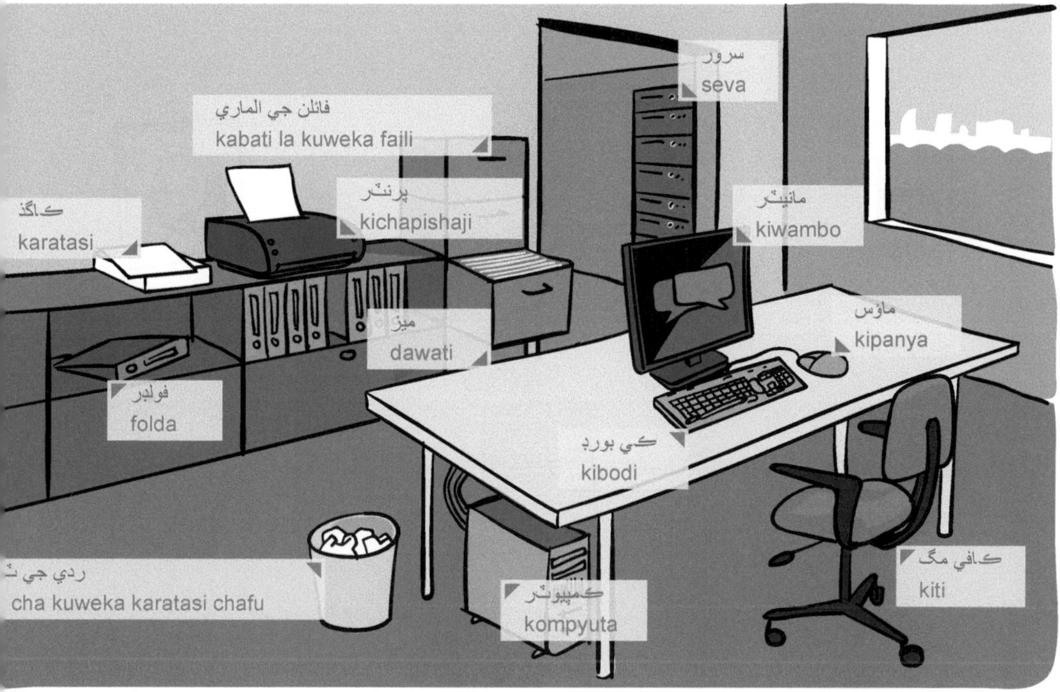

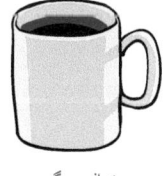

ڪافي مگ

kmobe la kahawa

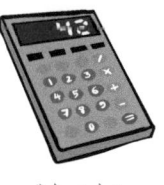

ڪيلڪيوليٽر

kikokotoo

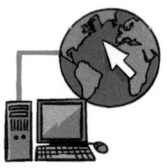

انٽرنيٽ

biashara

لیپ ٹاپ

mbali

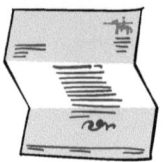

خط

barua

پیغام

ujumbe

موبائل

rununu

نیٹ ورک

intaneti

فوٹو کاپی کرٹ واري مشین

fotokopia

سافٹ وینئر

programu

ٹیلي فون

simu

پلگ ساکٹ

soketi

فیکس مشین

kipepesi

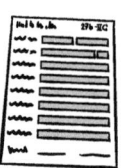

فارم

fomu

دستاویز

hati

خرید کرنا

kununua

ادا کرنا

kulipa

صاف کرنا

biashara

پیسا

fedha

ڈالر

dola

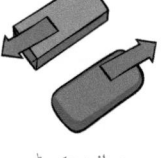

یورو

yuro

ین

yeni

روبل

rouble

سوئس فرانک

faranga ya Uswisi

رینمنبیی یوآن

renminbi yuan

روپیو

rupia

کیش پوائنٹ

eneo la kulipia

رقم تبديل كرائٹ جي آفيس

ofisi ya ubadilishanaji

سون

dhahabu

چاندي

fedha

خام تيل

mafuta

توانائي

nishati

قيمت

bei

معاهدو

mkataba

سٹيكس

kodi

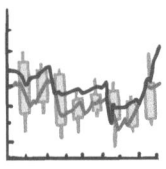

ذخيرو

bidhaa

كم كرٹ

kazi

ملازم

mfanyakazi

آجر

mwajiri

فيكٹري

kiwanda

دكان

duka

پیشو

kazi

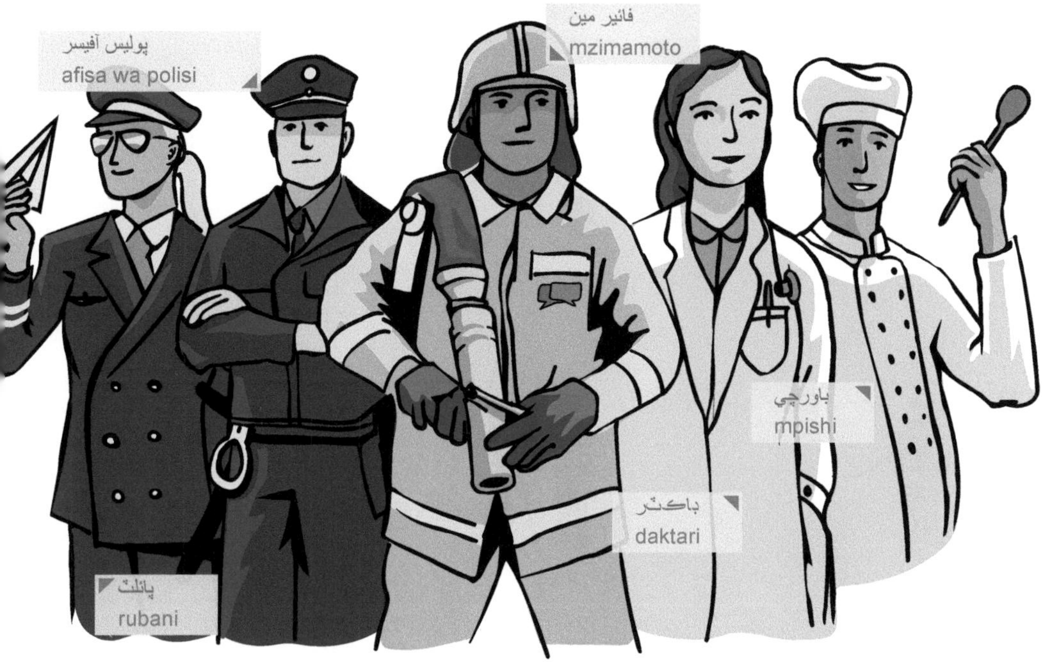

پولیس آفیسر
afisa wa polisi
فائیر مین
mzimamoto
باورچي
mpishi
ڈاکٹر
daktari
پائلٹ
rubani

مالي
....
mtunza bustani

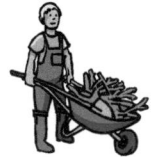

وایو
....
seremala

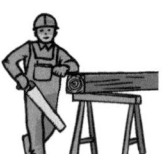

درزن
....
mshonaji

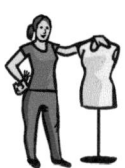

جج
....
hakimu

کیمیسٹ
....
mwanakemia

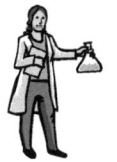

اداکار
....
muigizaji

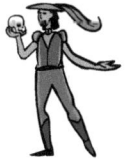

بس ڈرائيور

dereva wa basi

ٹيكسي ڈرائيور

dereva wa teksi

مچي مارٹ والو

mvuvi

صفائي کرٹ والي مائي

mwanamke wa kusafisha

چھت ٹھاٹٹ والو

mwezekaji

ويٹر

mhudumu

شکاري

mwindaji

رنگ ساز

mchoraji

نانوائي

mwokaji

اليکٹريشن

umeme

بلڈر

mjenzi

انجنيئر

mhandisi

کاسائي

mchinjaji

پلمبر

fundi bomba

پوسٹ مين

mwanaposta

سپاهي

mwanajeshi

آرکیٽيڪٽ

msanifu majengo

خزانچي

keshia

گل ڪپائڻ وارو

muuza maua

نائي

msusi

ڪنڊيڪٽر

kondakta

مڪينڪ

mekanika

ڪپتان

nahodha

ڊينٽسٽ

daktari wa meno

سائنسدان

mwanasayansi

يهودي عالم

rabbi

امام

imamu

راهب

mtawa

پادري

kasisi

اوزار

zana

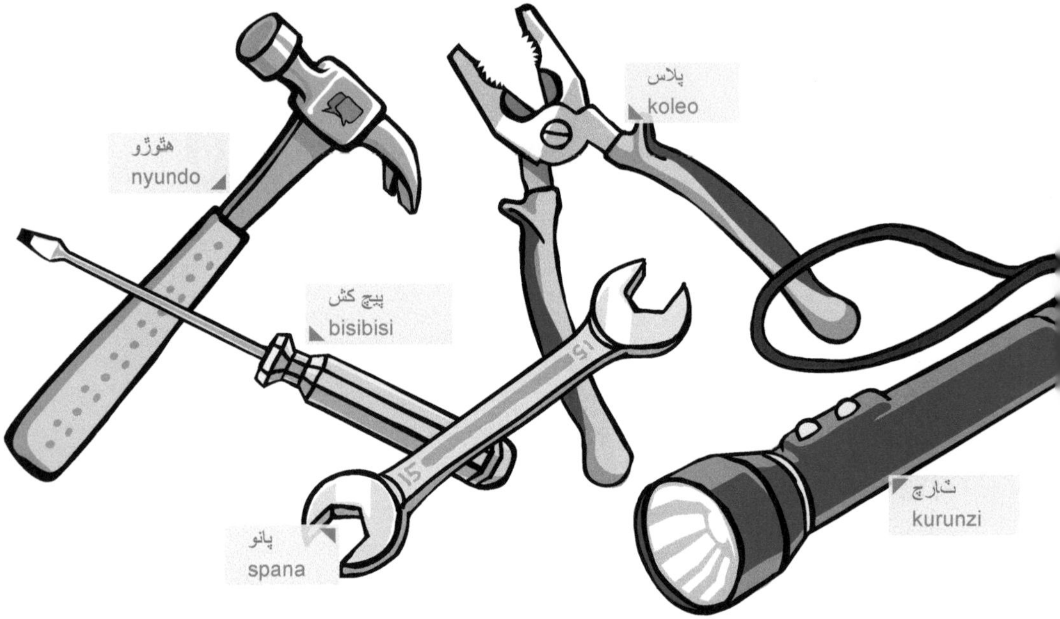

هٿوڙو
nyundo
پلاس
koleo
پيچ ڪش
bisibisi
ٽارچ
kurunzi
پانو
spana

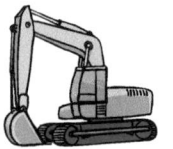

ايڪسڪويٽر
....
mchimbaji

ٽول باڪس
....
sanduku la vifaa

ڏاڪڻ
....
ngazi

آري
....
msumeno

ڪوڪو
....
misumari

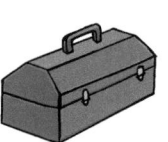

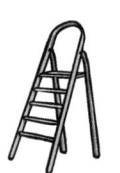

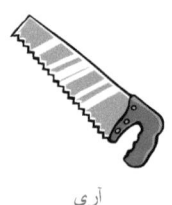

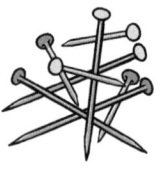

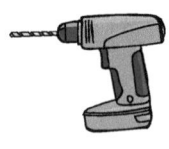

ڊرل
....
kuchimba visima

مرمت ڪرڻ
....
kukarabati

بيلچو
....
sepetu

لعنت هجي!
....
Lo!

ڪچري دان
....
kishikio cha uchafu

پينٽ وارو دٻو
....
chungu cha rangi

پيچ
....
skurubu

لاؤڊ اسپيڪر
spika

ڊبل باس
mpangilio wa ngoma

گٽار
gita

ڊبل باس
besi mara mbili

توتاري
tarumbeta

پيانو

piano

وائلن

fidla

گٻار

ubeji

ٿمپاني

timpani

درم

ngoma

كي بورد

kibodi

سيكوفون

saksafoni

بانسري

filimbi

مائيكروفون

maikrofoni

bustani ya wanyama

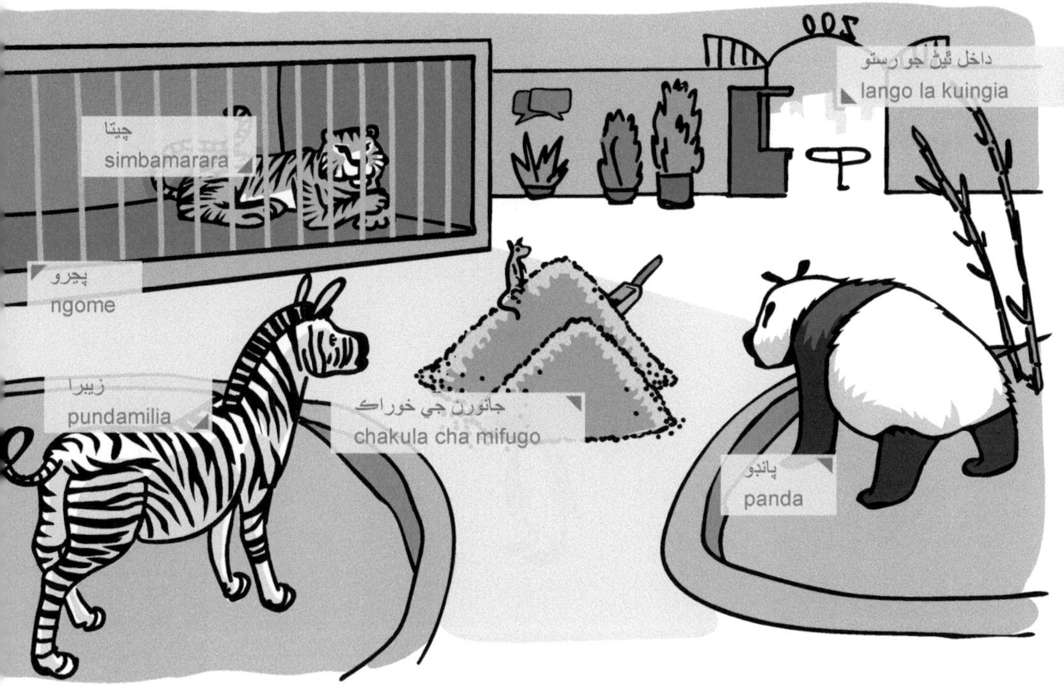
داخل ٿيڻ جو رستو
lango la kuingia
چيتا
simbamarara
پڃرو
ngome
زيبرا
pundamilia
جانورن جي خوراڪ
chakula cha mifugo
پانڊو
panda

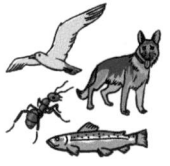

جانور

wanyama

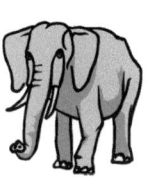

هاٿي

tembo

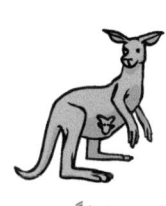

ڪينگرو

kangaruu

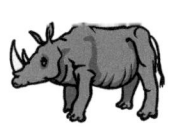

گينڊو

kifaru

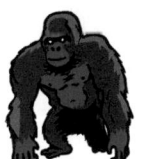

گوريلو

sokwe

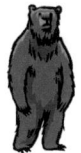

رڇ

dubu

اٽ

ngamia

شُتر مرغ

mbuni

شِينهن

simba

پولڙو

tumbili

فليمنگو

heroe

طوطو

kasuku

برفاني رِچ

dubu

کبوتر

penguini

شارک

papa

مور

tausi

نانگ

nyoka

واڳون

mamba

چڙيا گهر جو محافظ

mtunza wanyama

گوج مڇي

muhuri

چيتو

jaguar

نَنّون

mwanafarasi

چيتو

chui

درياني گھوڙو

kiboko

چزراف

twiga

باز

tai

سونڌر

nguruwe mwitu

مڇي

samaki

ڪمي

kobe

سامونڊي گھوڙو

sili

لومڙي

mbweha

هرڻ

paa

michezo

آمریکن فوٹ‌بال
soka ya marekani

سائکلنگ
uendeshaji baiskeli

ٹینس
tenisi

باسکٹ بال
mpira wa kikapu

تیراکی
kuogelea

باکسنگ
ndondi

آئس ہاکی
magongo ya barafuni

فوٹ‌بال
....
soka

بیڈمنٹن
....
vinyoya

ایتھلیٹکس
....
riadha

ہینڈ بال
....
mpira wa mikono

اسکیئنگ
....
skii

پولو
....
polo

سرگرمیون
shughuli

کلڻ
cheka
ٽپو ڏيڻ
kuruka
ڀاڪر پائڻ
kumbatia
ھلڻ
kutembea
گانو ڳائڻ
kuimba
خواب ڏسڻ
ota ndoto
دعا ڪرڻ
kuomba
چمي ڏيڻ
busu

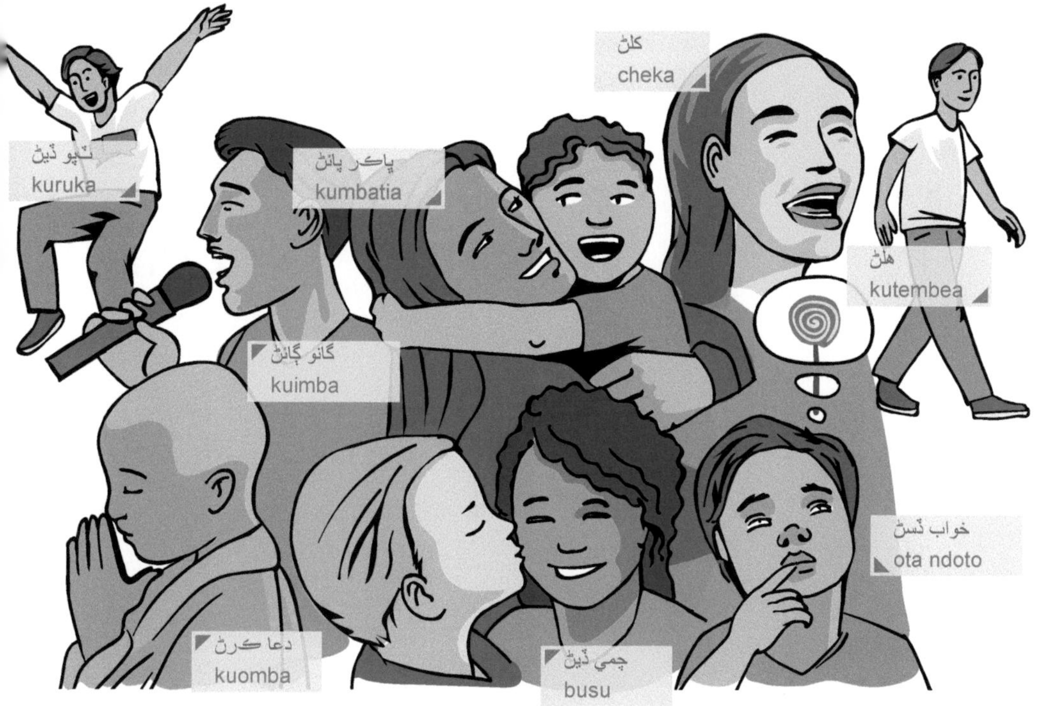

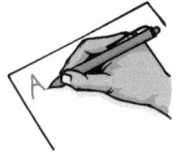

لکڻ

kuandika

تصوير ڪشي ڪرڻ

kuteka

ڏيکارڻ

angalia

دٻو ڏيڻ

sukuma

ڏيڻ

kutoa

وٺڻ

kuchukua

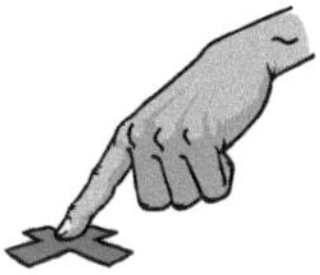

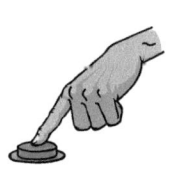

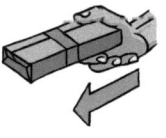

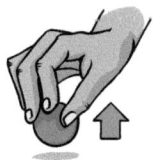

رکڻ

kuwa

کرڻ

fanya

ٽيٽ

kuwa

بيھڻ

kusimama

ڀڄ

kukimbia

چڪڻ

vuta

اڇلائڻ

kutupa

کرڻ

kuanguka

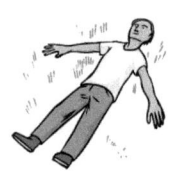

کوڙ ڳالھائڻ

hadaa

انتظار کرڻ

kusubiri

کڻي وڃڻ

kubeba

ويھڻ

kukaa

تيار ٿيڻ

vaa nguo

سمھڻ

usingizi

جاڳڻ

kuamka

ڏسڻ

kuangalia

روئڻ

lia

ڌڪ هڻڻ

kiharusi

ڪنگي ڪرڻ

chana nywele

ڳالهائڻ

ongea

سمجهڻ

kuelewa

پڇڻ

kuuliza

ٻڌڻ

kusikiliza

پيئڻ

kunywa

کائڻ

kula

صاف ڪرڻ

nadhifisha

پيار ڪرڻ

upendo

پچائڻ

mpishi

گاڏي هلائڻ

gari

اڏرڻ

kuruka

بحري سفر كرڻ

meli

حساب كرڻ

kokotoa

پڙهڻ

kusoma

سکڻ

kujifunza

كم كرڻ

kazi

شادي كرڻ

kuoa

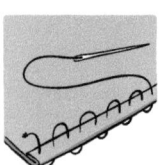

سبڻ

kushona

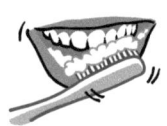

ڏندن كي برش كرڻ

piga mswaki

قتل كرڻ

kuua

سگريٽ پيئڻ

moshi

موكلڻ

kutuma

familia

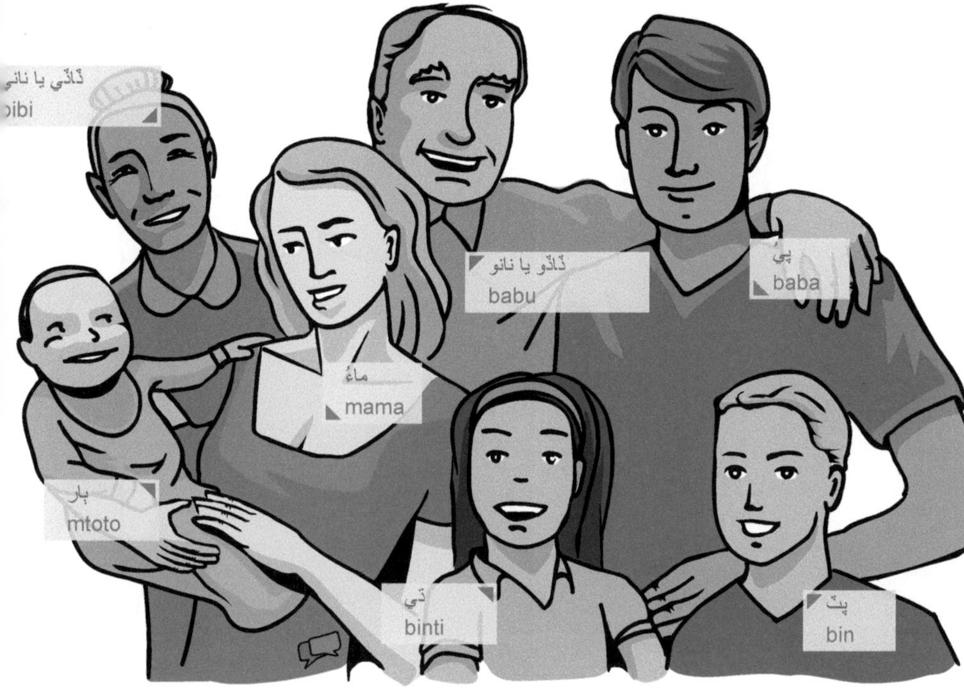
ڏاڏي يا ناني
ibi
ڏاڏو يا نانو
babu
پيُ
baba
ماءُ
mama
ٻار
mtoto
ڌي
binti
پٽ
bin

مهمان

mgeni

چاچي

shangazi

چاچو

mjomba

ڀاءُ

kaka

ڀيڻ

dada

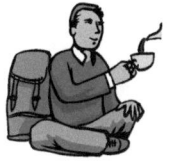

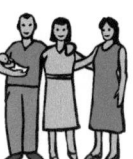

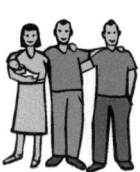

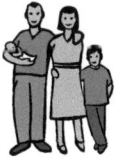

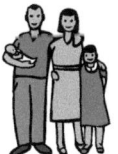

پیشاني
paji la uso

اک
jicho

کلهو
bega

منهن
uso

اگر
kidole

ڪاٺي
kidevu

هٿ
mkono

چاتي
matiti

ٽنگ
mguu

ٻانهن
mkono

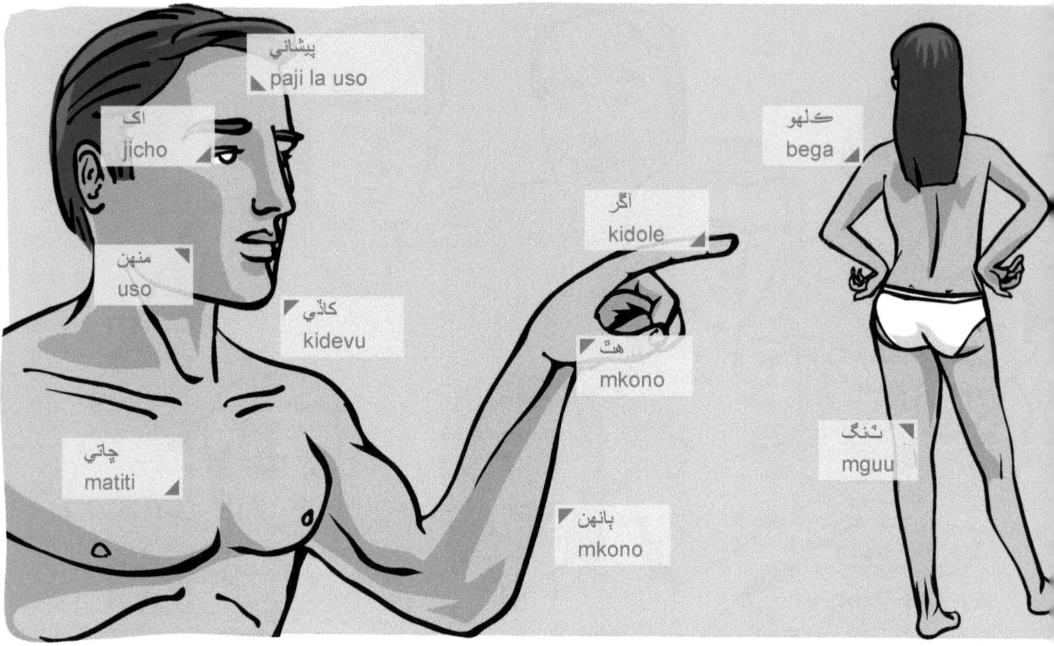

ٻار
....
mtoto

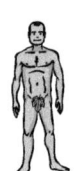

ماٺهون
....
mwanamume

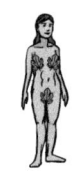

عورت
....
mwanamke

چوڪري
....
msichana

چوڪرو
....
mvulana

مٿو
....
kichwa

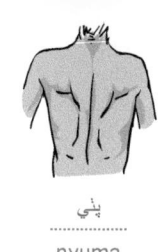

پُني

nyuma

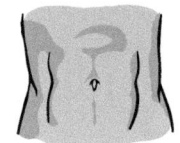

پيٽ

tumbo

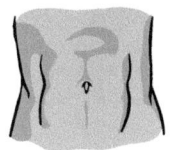

دن

kitovu

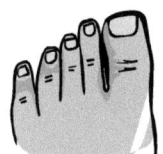

پيرِ جو آڱُوٺو

chano

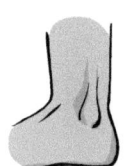

ڪڙي

kisigino

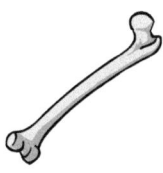

هڏِي

mfupa

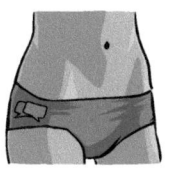

ٻندڻ

nyonga

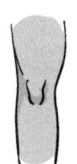

گوڏو

goti

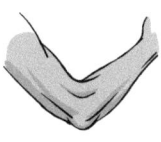

ٽونٽ

kiwiko

نڪ

pua

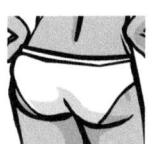

هينهيون حصو

chini

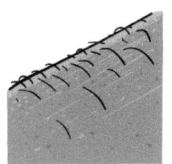

کل

ngozi

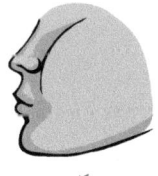

ڳٽل

shavu

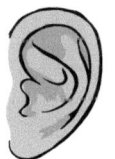

ڪن

sikio

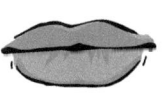

چپ

mdomo

وات

kinywa

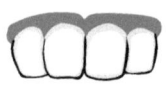

ڈند

jino

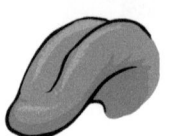

زبان

ulimi

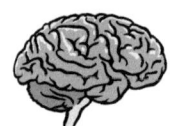

دماغ

ubongo

دل

moyo

ڈورو

misuli

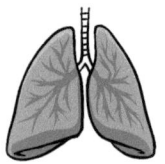

پقڑ

pafu

جگر

ini

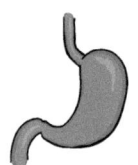

معدو

tumbo

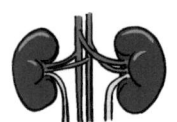

گردا

figo

جماع کرنْ

jinsia

کنڈوم

kondomu

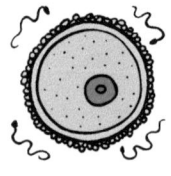

بیضہ

ovari

مني

shahawa

حمل

mimba

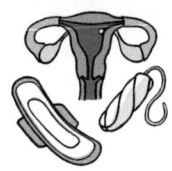

حيض

hedhi

ھچيداني جي نالي

uke

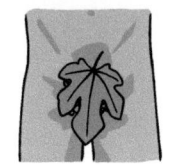

مردانو مخصوص عضوو

uume

پرون

unyusi

وار

nywele

ڳچي

shingo

اسپتال

hospitali

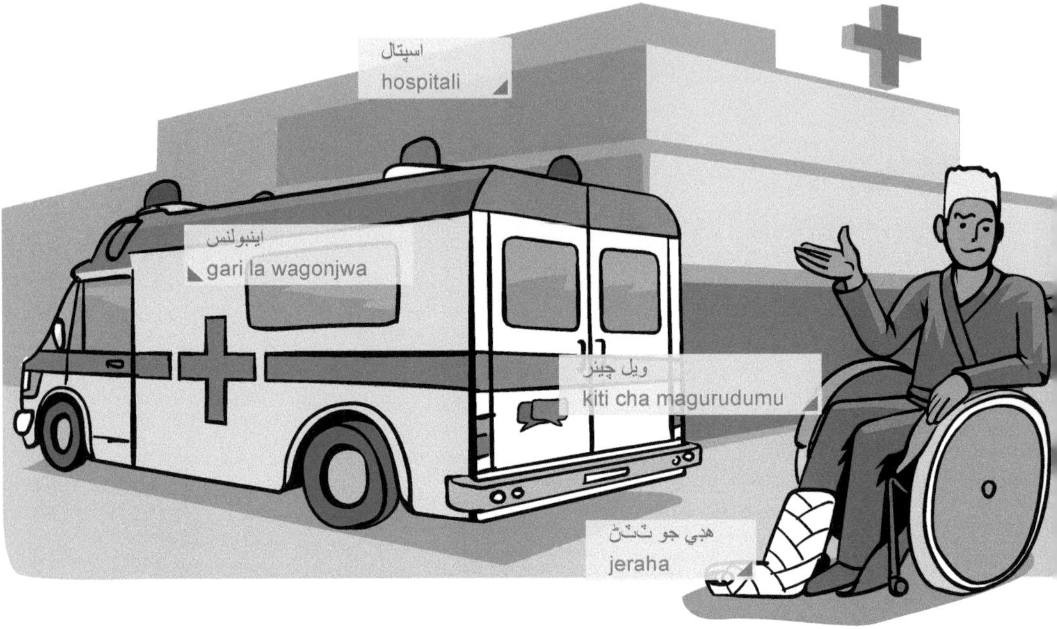

اسپتال
hospitali
اينبولنس
gari la wagonjwa
ويل چيئر
kiti cha magurudumu
هڏي جو ٽٽڻ
jeraha

ڊاڪٽر

daktari

هنگامي ڪمرو

chumba cha dharura

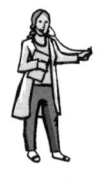

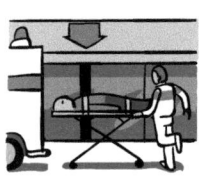

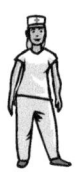

نرس

muuguzi

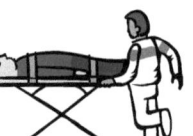

ايڪسري

dharura

بيهوش

kupoteza fahamu

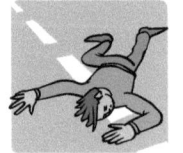

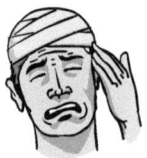

سور

maumivu

زخم

kuumia

رت وهڻ

kutokwa na damu

دل جو دورو

mshtuko wa moyo

فالج

kiharusi

الرجي

mzio

کنگهه

kikohozi

بخار

homa

زکام

mafua

دست

kuharisha

مٿي جو سور

maumivu ya kichwa

کينسر

kansa

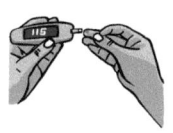

ذيابيطس

ugonjwa wa kisukari

سرجن

daktari mpasuaji

جراحي بليد

kisu kidogo cha kupasulia

آپريشن

operesheni

سي ني

picha changanufu ya mwili

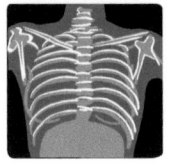

ايكسري

Eksrei

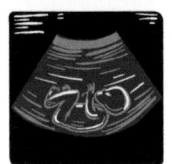

الټراساؤنډ

mawimbi sauti

منهن جي ماسک

barakoa ya uso

بيماري

ugonjwa

انتظار کرڻ جو کمرو

chumba cha kusubiri

بيساکهي

mkongojo

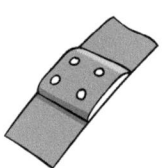

پالاسټر

plasta

پټي

bendeji

انجيکشن

sindano

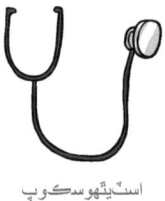

اسټيٽهوسکوپ

stetoskopu

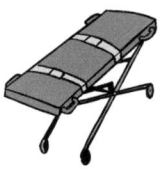

اسټريچر

machela

ټرماميټر

kipimajoto cha kliniki

پيدائش

kuzaliwa

موټاپو

unene kupita kiasi

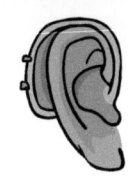

پٹن واري ديوائس

kusikia misaada

جراثيم كش

kipukusi

انفيكشن

maambukizi

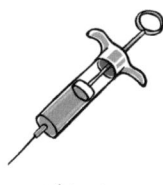

وائرس

virusi

ايچ آئ وي / ايڈز

VVU / UKIMWI

دوا

dawa

ويكسينيشن

chanjo

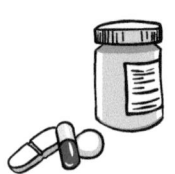

ٹكي

vidonge

گولي

kidonge

هنگامي كال

simu ya dharura

بلڈ پريشر مانيٹر

haemodainamometa

بيمار / صحت

mgonjwa / mwenye afya

الارم

kengele

جسماني حملو كرڻ

pigo

مدد

Msaada!

خطره

hatari

هنگامي حالت ۾ نڪرڻ جو رستو

lango la dharura

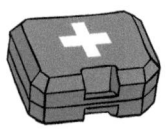

حملو كرڻ

shambulizi

باه وسائڻ جو اوزار

kizima moto

حادثو

ajali

باه

Moto!

ابتدائي طبي امداد

vifaa vya huduma ya
kwanza

ايس او ايس

wito wa msaada

پوليس

polisi

يورپ

Ulaya

اتر آمريکا

Amerika ya Kaskazini

ڈکن آمريکا

Amerika ya Kusini

آفريقا

Afrika

ايشيا

Asia

آسٹريليا

Australia

اٹلانٹک

Atlantiki

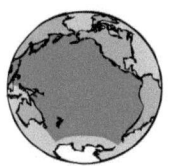

پيسفک

Pasifiki

بحر هند

Bahari ya Hindi

انٹارکٹک سمندر

Bahari ya Antaktiki

آرکٹک سمندر

Bahari ya Aktiki

اتر قطب

Ncha ya Kaskazini

ڈکْث قطب

Ncha ya Kusini

انْٹارکْٹِیکا

Antaktika

زمین

dunia

زمین

nchi

سمنْدر

bahari

جزیرو

kisiwa

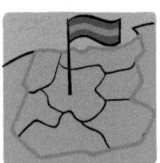

قوم

taifa

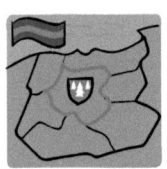

رِیاست

jimbo

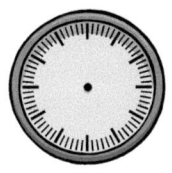

وصو سامهون جو گھڙي

uso wa saa

ڪلاڪ واري سوئي

akrabu ya saa

منٽ واري سوئي

akrabu ya dakika

سيڪنڊن واري سوئي

akrabu ya sekunde

ٽائم گھٽ ٿيو آهي؟

Ni saa ngapi?

ڏينهن

siku

وقت

wakati

هاٿي

sasa

ڊجيٽل گھڙي

saa ya dijitali

منٽ

dakika

ڪلاڪ

saa

سومر
Jumatatu **MO**

W اربع Jumatano

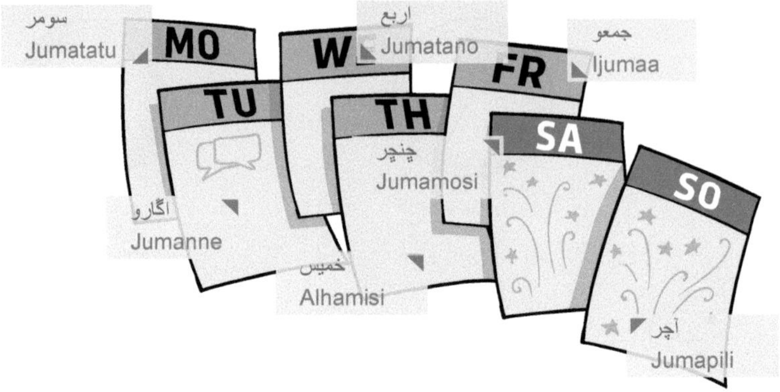

جمعو **FR** Ijumaa

TU

TH

اگارو
Jumanne

چنڇر
Jumamosi

SA

SO

خميس
Alhamisi

آچر
Jumapili

كله / سياتي
jana

اڄ
leo

سياتي
kesho

صبح
asubuhi

منجهند
saa sita mchana

شام
jioni

كاروباري ڏينهن
siku za biashara

هفتي جو آخر
mwishoni mwa wiki

سال

mwaka

برسات
mvua
انڊلٺ
upinde wa mvua
برف
theluji
هوا
upepo
بهار
majira ya machipuko
خزان
vuli
گرمي جي موسم
kiangazi
سردي جي موسم
majira ya baridi

4.APRIL 11°
5.APRIL 4°
6.APRIL 13°
7.APRIL 8°
8.APRIL 10°

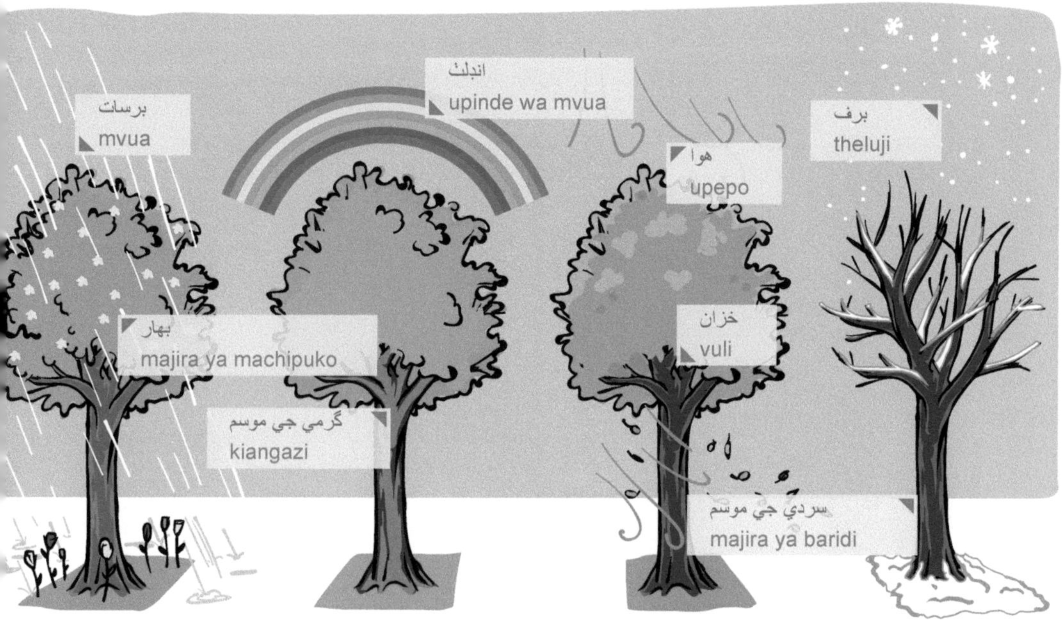

موسم جي پيشنگوهي

utabiri wa hali ya hewa

F C
120 90 60 30 0 -30
40 30 20 10 0 -10 -20

ٿرماميٽر

kipimajoto

اُس

mwanga wa jua

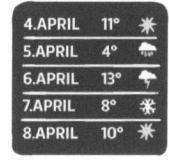

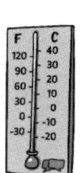

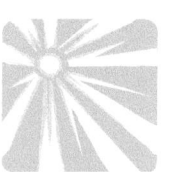

بادل

wingu

ڌنڌ

ukungu

نمي

unyevu

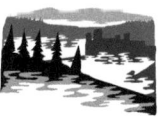

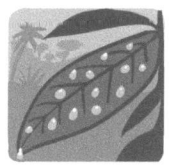

آسماني بجلي

umeme

ٹرماميٽر

radi

طوفان

dhoruba

ڳڙڙ جو مينھن

mvua ya mawe

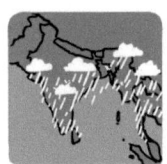

مون سون

monsuni

ٻوڏ

mafuriko

برف

barafu

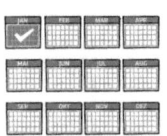

جنووري

Januari

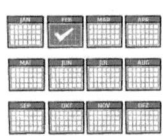

فيبروري

Februari

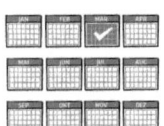

مارچ

Machi

اپريل

Aprili

مَي

Mei

جون

Juni

جولائي

Julai

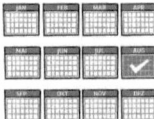

اگسٽ

Agosti

سيپتٚمبر
....
Septemba

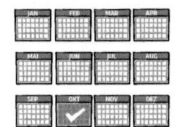

آكتٚوبر
....
Oktoba

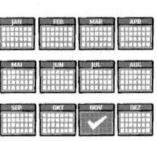

نوبمر
....
Novemba

ڊسمبر
....
Desemba

دائرو
....
mduara

چكور
....
mraba

مستطيل
....
mstatili

نٚكنڊي
....
pembetatu

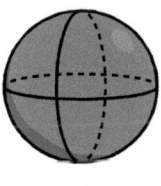

كره
....
nyanja

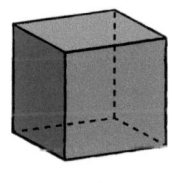

كٚعب
....
mchemraba

rangi

اچو

nyeupe

پيلو

manjano

نارنجي

chungwa

گلابی

rangi ya waridi

گاڑھو

nyekundu

جامني

hudhurungi

نيرو

bluu

سائو

kijani

ناسي

hanja

پورو

jivujivu

كارو

nyeusi

گھٹو / ٹورو

mengi / kidogo

ناراض / پر سکون

hasira / pole

خوبصورت / بدصورت

nzuri / mbaya

شروعات / ختم

mwanzo / mwisho

وڈو / ندو

kubwa / ndogo

روشنی / اونده

angavu / giza

بهن / بهائي

kaka / dada

صاف / خراب

safi / chafu

مکمل / نا مکمل

kamilika / tokamilika

ڈینهن / رات

siku / usiku

مرده / زنده

wafu / hai

بگهو / تنگ

pana / nyembamba

كائٽ قابل نه هجٿ / كائٽ جي قابل هجن

kulika / kutolika

برو / سٺو

ovu / ema

پرجوش / بوريت جوشڪار

sisimkwa / udhika

مونّو / پتلو

nene / nyembamba

پهريون / آخري

kwanza / mwisho

دوست / دشمن

rafiki / adui

پريل / خالي

jaa / tupu

سخت / نرم

ngumu / laini

ڳورو / هلڪو

nzito / nyepesi

بک / اڃ

njaa / kiu

بيمار / صحت

mgonjwa / mwenye afya

غيرقانون / قانوني

haramu / kisheria

عقلمند / بيوقوف

akili / kijinga

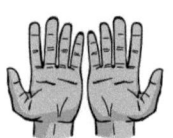

سَڌو / ابتو

kushoto / kulia

ويجهي / پري

karibu / mbali

ننون / استعمال ٹیل

mpya / kutumika

کجہ بہ نہ / کجہ

kitu / jambo

پوڑھو / نوجوان

zee / changa

آن / آف

waka / zima

کلیل / بند

wazi / fungwa

خاموش / بلند آواز سان

utulivu / kelele

امیر / غریب

tajiri / masikini

صحیح / غلط

sahihi / kosa

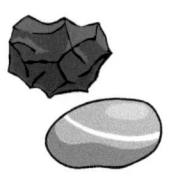

کھورو / لسو

mbaya / laini

غمگین / خوش

huzunika / furahia

مختصر / ڈگھو

fupi /ndefu

آھستہ / تیز

polepole / haraka

آلو / سکل

nyevu / kavu

گرم / ٹنڈو

joto / baridi

جنگ / امن

vita / amani

0	**1**	**2**
زيرو	هک	به
sufuri	moja	mbili
3	**4**	**5**
‫ي	چار	پنج
tatu	nne	tano
6	**7**	**8**
چه	ست	آت
sita	saba	nane
9	**10**	**11**
نوَ	‫ه	يارهن
tisa	kumi	kumi na moja

12

پاره‌هن

kumi na mbili

13

تیره‌هن

kumi na tatu

14

چوڈّهن

kumi na nne

15

پندره‌هن

kumi na tano

16

سوره‌هن

kumi na sita

17

ستّره‌هن

kumi na saba

18

ارڑّهن

kumi na nane

19

اوټّهیه

kumi na tisa

20

ویه

ishirini

100

سو

mia

1.000

هزار

elfu

1.000.000

ڈّه لک

milioni

انگريزي

Kiingereza

آمريكي انگريزي

Kiingereza cha Marekani

چيني ميندارن

Kimandarini cha Uchina

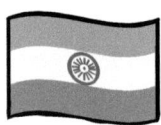

هندي

Kihindi

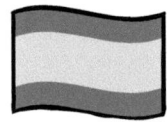

اندلسي هولي

Kihispania

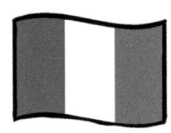

فرانسيسي

Kifaransa

عربي

Kiarabu

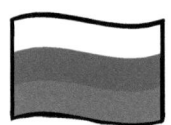

روسي

Kirusi

پرتگالي

Kireno

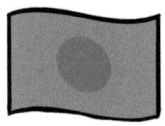

بنگالي

Kibengali

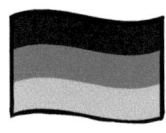

جرمن

Kijerumani

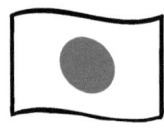

جاپاني

Kijapani

مان

mimi

تون

wewe

هي چوكري/ هي چوكرو / هو

yeye / yeye / ni

اسان

sisi

تون

wewe

هو

wao

كير؟

nani?

چا؟

nini?

كيئن

jinsi gani?

كٿي؟

wapi?

كڏنهن؟

lini?

نالو

jina

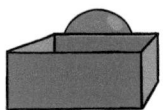

پويان

nyuma

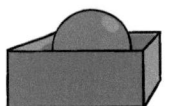

كاتيكا

katika

جي سامهون

mbele ya

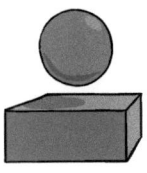

مٿي

juu ya

تي

kwenye

هيٺ

chini ya

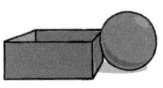

ڳڻ

kando

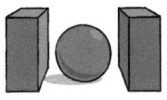

م چ و

kati

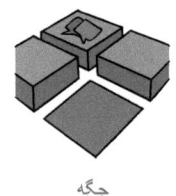

جڳه

mahali